JN439809

아침햇빛편의점

정영희 시집

문학의전당 시인선
243

아침햇빛편의점

정영희 시집

문학의전당

시인의 말

첫 시집 『선암사 해우소 옆 홍매화』를 상재한 지 삼 년 만이다.

고르는 일도, 쓰는 일만큼 고통스럽긴 매한가지다. 일상에 지고 피는 풍경마다 삶의 보고요, 생의 동력장치이니 따뜻하여 아름답다. 내 삶의 풍경 하나쯤 숨 쉬는 창으로 불러들였으면 좋겠다만 아직도 소갈머리가 없다.

순천만 파노라마, 갈대 물결로 난리굿인 철새들의 주막이 펼쳐져 있다. 노을이 찬란할수록 돌아가지 않는 몇 마리의 철새, 논바닥에서 이리저리 낟알을 뒤적거리느라 엽사(獵師)의 총구마저 까맣게 잊고 있다.

광화문 광장, 촛불이 환하여 뜨겁다.

2016년 12월

정영희

차례

제2부

제3부

제4부

제1부

2월

무당개구리
살며시 얼음장을 짚는다

잠시도 버겁다며 땅을 벅벅 긁어댄다
덧댄 천정에 폭설이 두껍다
거적 한 장 덮기엔 아직 냉기 탱천이다

허리를 깊게 꺾어야 한다

그러니,
쪽수가 모자랄 수밖에

감이 열리는 집

잠시 귀향한 까치가 정 붙일 곳 없다며 감나무를 흘겨본다
홍시야 물에 씻으면 되지만 눈먼 까치밥이 되도록 날 기다리다
척추가 부러질 듯하여 손으로 받쳤더니
기약 없이 붉어가는 감

까치와 단 한번 눈 맞추는 일 없이 강아지를 지키는 말뚝으로
쟁기의 낮잠을 거드는 팔베개로
아이들 술래 기둥에 앞니 뽑는 족집게로 쓰였을 감나무

감이 열리는 집은
아직 온기가 굴뚝을 서성거리거나 귀향을 채비하는 누군가
군내버스 바퀴를 힘차게 돌리는 곳

맛있는 노을

강바람이 불빛 간판을 가만히 밀어낸다
노을이 어떻게 조리되어 입맛을 돋웠을까
침이 말라가는 사람들이 하구 깊숙이 혀를 내민다
아낙의 걸진 입담에 물살이 퍼드덕거린다
접시에 썰어놓은 노을이 아직 비리고 여리다
씹을수록 맛깔 난다는 아낙의 입술이 도톰하다
도마 장단에 맛있게 노을이 토막이다
강 건너 물푸레나무가 입맛을 다시느라
편도선을 지독하게 앓고 있다

11월

편지를 쓰기보다는
창가에 기대앉아 읽는 시간입니다
책갈피에 꽂아두었던 보푸라기 편지지
청춘의 푸른 잉크가 묻어났던 이야기를
낙엽이 잠깐 머무는 동안
다시 읽어야 합니다

편지를 읽기보다는
늦게나마 답장을 써야 할 시간입니다
단풍 틈새로 쏟아지는 햇살에 투명한 사랑을 담아
새벽이 넘어갈 때까지
촘촘하게 박음질해야 합니다

감나무에 주먹만 한 홍시 한 개
산까치를 위한 박주라고 남겨놓았지만
그놈의 글발 때문에 맴만 빙그르르 돌고 돌 뿐
마침표만 덩그러니 찍어놓습니다

가족관계증명서

자갈 밭뙈기 몇 평 현금으로 치환하려면 자동발급기에 저장된 암호로 출력한 내 삶의 이력을 첨부해야 한다

잘게 채질한 시간의 토막들이 노린재마냥 스멀스멀 기어 나온다 아홉 평짜리 아파트 전세금이 박힌 통장 비밀번호가 희미하고, 영(零)교시 숙면에 취한 딸의 수험번호는 수리 센터로 실려 간 지 오래고, 제왕절개로 세상을 훔쳐야 했던 아들은 스타크래프트에서 길을 잃고, 음주단속 중이라며 귀가를 종용하는 메시지가 흔들리고, 소낙비를 고집하는 아내에겐 인공관절이 필요하다는 소견서를 뱉어낸다

토막 난 내 의식의 빨랫줄에 덕지덕지 걸려 있는 삶의 부호들, 대대적인 갈무리가 필요하다는 처방전을 함께 쏟아낸다

검은딱새의 필력(筆力)

지리산세는 부벽준(斧劈皴)이었다
검은딱새에게는 안식처였으나 활주로는 되지 못했다

묵화 속 나는 새는 없었다
앉은뱅이 검은딱새만 물안개와 뒤섞여 물길만 피곤하였다
곧 나락(奈落)이라는 말이 확대 재생산될 것이다

발가락이 보이지 않았다
여기서 물갈퀴만큼은 화선지 말아놓듯 말아두기로 하자
검은딱새의 날개도 발가락에서부터 돋아났을 것이다

붓이 흔들렸기에 발가락에 힘을 싣지 못했다
검은딱새는 먹물로 추락을 거듭할 뿐이어서
탱탱하고 질긴 필력이 필요했다

숨을 멈춰야 했다
잠자리의 랜딩기어처럼 머뭇거림도 없어야 했다
수면을 팽팽하게 긴장시켜야 했으므로

붓끝을 화선지에 정지시켰다

순간 힘껏 눕혔다 일으키자
검은딱새가 날개를 우산살처럼 펴고 수면을 박차 올랐다
식은땀이 이마에 송송 맺혔다

숨을 고르기 위해 창밖으로 눈을 돌렸다
발가락 장애를 앓던 검은딱새들이 고니떼와 나란히
노고단을 향해 날아가고 있었다

괜히 등이 가렵다

괜히 등이 가렵네요
부유물을 잔뜩 씹어 퉁퉁 부은 벌레가
각질을 비집고 나오려는 스멀거림 때문일 거예요
미처 걸러내지 못한 욕지거리들이 담석으로 뭉쳐 있다가
강이 풀리는 삼월부터 눈썹만큼씩
밖으로 기어 나오고 있다는 방증일 거예요
내 몸 허름한 곳에 잠복 중인 흉측한 벌레가
무사히 빠져나가도록 비밀통로를 만들어줘야 해요
단추 구멍을 활짝 열어놓는다든가
탱자꽃 아래로 파랑새를 불러들인다든가
지독한 벌레만 나간다면 퓐잔 몇 잔도 좋고말고요
으르렁거리는 굴삭기의 볼멘소리도 다 참을 수 있어요
가려울 때마다 등물이나 손 갈퀴에 의지하는 것은
생각만 간질이는 일이니 얼른 치워야 해요
자기도 괜히 가렵다며 치근대던 아내
혼곤히 잠에 빠졌네요

구례읍사무소 앞 팽나무

구례읍사무소 앞
삼백 살은 잡수셨을 팽나무어르신이 턱 버티고 계신다
살아서 천년, 죽어서 천년을 산다는
주목(朱木)어르신의 계보를 이을 양이다

느티나무아재가 방정맞다 핀잔이지만 천년은 어려울 것
내가 숨 쉴 리 만무하거니와
팽나무어르신 허리에 박힌 철심이 심상찮다
시멘트 붕대와 철사로 관절을 동였으니 말이다

늦가을 서리와 맞서겠다며 팔을 걷어붙인 팽나무어르신
허연 생(生)의 각질이 시나브로 떨어진다

지금은 갓 구워낸 목월(睦月)빵 냄새가
길가에 꾸덕꾸덕 뒹구는 한나절

견인유감(牽引有感)

불법주차 딱지를 붙여놓고
차창에 핀 은행잎을 끌고 가버렸다

지난밤 가로수 노란 비염에 혹독히 시달렸다
도진 재채기에 은행잎이 우수수 했다
떨어지는 은행잎에 눈 맞추려
잠깐 가로등이 되어 서 있었던 것

깡그리 쓸어 가버렸다

오랜만에 보는 편안한 풍경이었다

결핍유감의 시대

마를수록 결 고운 꽃이라고 부른다
제 살을 깎아내도 환각 상태인 거울 앞에서
아직도 결핍유감이라 중얼거린다

거침없이 칼질을 한다
육식동물의 날카로운 발톱에 채이면
돌이킬 수 없는 길을 간다는 진단을 받고도
서슴없이 생선살을 발라낸다

쌍꺼풀일수록 밝고 가벼울 게야
체중 때문에 세상이 반쪽만 보일 게야
손톱도 곱게 잘라 단장해야겠지

성형외과 앞을 지나간다
결핍유감의 시대에 살고 있는 걸까

아침햇빛편의점

여천공단 입구 주유소 옆에 아침햇빛편의점이 있습니다 어그
러진 톱니의 아우성에 자다 깨다를 반복하는 컵라면과 라이터, 담
배와 일회용 면도기, 칫솔에 양말, 검정봉지에 진공 포장된 어둠
몇 순갈이 눈을 깜빡거립니다 하품에 재채기를 더하여 텁텁한 목
감기까지 그러나 검정봉지를 지키는 편의점 불빛은 더디 오는 아
침이 지루합니다 이제야 눈금 없는 시계가 정남북을 가리킵니다
야적장 폐타이어는 더 오를 곳이 없어 제 고집대로 굴러다닌 지
오랩니다 작업장의 높은 천정에 눈이 가물거리기도 했으나 자외
선보다 더 따가운 불꽃의 폭력 앞에선 산소용접 마스크도 무용지
물입니다

돌아가는 차량이 꼬리를 물면서 아침햇빛편의점이 부산해집니
다 야간작업을 마친 이들이 이빨에 낀 어둠찌꺼기들을 이쑤시개
로 걷어냅니다 쓴 입맛에 방금 눈곱을 뗀 흰 햇빛봉지를 한 개씩
집어 듭니다 집안 칙칙한 습기를 쓸어내기 위한 햇빛빗자루, 단잠
에 빠진 아이들을 깨우는 햇빛과자, 아내 손금의 물기를 닦을 햇
빛이 백 그램씩 포장되어 있습니다 그러나 당신은 당신의 낮잠을
무르익게 할 검정 수면용 봉지에 먼저 손이 갑니다 그 봉지에는

무거운 눈꺼풀이 찰싹 달라붙게 하는 수면용 어둠 백 그램에 일 그램의 햇빛이 들어 있습니다

아내의 배가 검정 수면용 봉지로 서서히 부풀어 오릅니다

겨울 산

한 마리 학이다
곧 기지개를 펼 것이다
고요를 덮는 또 하나의 고요
함박눈이다
내 어깨에 쌓이고 쌓여
길이 길을 물을 때쯤 날개를 펼 것이다
당신이 내 눈치를 미리 읽고
폭설을 선물하는 것인데
난,
살면서 불평뿐이다

고귀한 식탁

뭐, 별 다를 게 있냐고요
식탁 모서리에서 숟가락질 하는 나와
땅 천여 평이 밥상인 개

구석에서 혀를 길게 뺀다
쇠줄에 얽혔다며 낮달 보고 짖어대는 일이나
내가 아파트 십이 층에서
딩동댕, 승강기에 목매는 일이나

멀리 팽개친 개밥그릇을 바라본다
생뚱맞게 침이 고인다

넓고 높은 식탁에 마주앉는다
밥숟갈을 뜨려 하자 내게 먼저 마시라며
예의, 물 한 컵 건네준다

9월이 오면

솟을대문 활짝 젖혀 소슬바람을 맞이하게
쪽물 들인 새털구름에 고추잠자리의 비상을 굽어보며
빨강고추 장대 끝에 오두막을 지어놓고
사색의 넝쿨로 칭칭 감고 올라가
사다리가 놓일 때까지 소슬바람에 흠뻑 젖어보게
한동안 책갈피에 꽂아두었던 이들에게
홀씨 붓으로 숲을 채색하며 안녕을 물어보게
시위를 떠난 화살이 세월을 멀리 비켜갔을지라도
봉숭아 물든 사람을 사랑하는 사람이라고 반추해보게
쑥부쟁이 앞다투어 피는 간절기에는
소녀의 가녀린 사랑을 위해 온몸으로 트럼펫도 연주해보게
말줄임표 시대에 살면서 푸른 하늘 볼 수 있는 여유가 없었다면
소슬바람 머무는 툇마루에 코스모스 돗자리를 깔아
별똥별 스쳐가는 저녁을 우러러보게
멀리 자작나무 태우는 냄새가 그윽할 쯤
가을도 제 숨소리 들으며 빛나는 기쁨을 맛볼 게야
소슬바람 문풍지 간질이는
9월이 오면

가벼워진다는 것

가벼워진다면 봄날이다
백화점 쇼윈도에 수선화가 피어났다
먼저 가벼워지려는 사람들로 만원이었다

봄바람 드는 차창을 내렸다
주체할 수 없는 바람의 혈류에 가슴이 쌕쌕거렸다
밤새 젖은 벚꽃도 빗물을 털어내려 안달이었다

딸의 속내를 열어보지 못하고
에스컬레이터를 미끄러지듯 내려왔다
며칠을 기다렸을 들뜬 시간을 헤아려 보았다

무겁게 내려앉은 종달새 날갯짓 소리를 들었다
백화점 통로를 맥없이 빠져나왔다
눈인사도 없이 뒤돌아가는 딸을 보았다

언제쯤 흔쾌히 가벼워질 것인가
물음에 물음을 되뇌었다

그늘의 평수

나무가
그늘을 만드는 건
햇볕 때문이나

난,
그늘의 평수를 넓히려
날마다
햇볕에
물을 뿌리고 있다

제2부

나팔꽃세탁소

세상이 깡통처럼 구겨질 때마다
바라보기만 해도 꽃이 피는 곳이 있었다
저녁에 열었다 아침에 문 닫는 나팔꽃세탁소
옷 다리는 일보다 양철지붕 깁는 일이 즐겁다는
아저씨 본업은 전파상이었다

선풍기에 세수를 하고 휜 비탈길을 오르내렸다
공동우물이 철거될 낌새를 알아차렸을까
더 높고 멀리 전봇대를 칭칭 감고 오르는 나팔꽃
흑백 TV에 숟가락, 찌그러진 냄비도 생매장이었다

언제 뒤집어질지 모르는 살림살이기에
성냥, 초 토막에 철 지난 양복도 챙겨둬야 할 일이었다
검정 양복은 너무 의례적이라며
윗주머니에 나팔꽃을 심어주던 아저씨
해머 한 방에 튕겨나갔다

눈엣가시

소옥마을 집 마당
대평상에 누워 하늘을 올려다본다

대못 한 개
똘감나무에 옹이로 단단히 박혀 있다

송아지가 꼬리를 후려친다
저물도록 못대가리가 허리춤을 잡아끈다

주인이 꼭 돌아오겠단 표식이긴 하나
어쨌거나 뽑아야 할 눈엣가시

저러다 여럿 멍들어 문드러지겠다
올 감, 다 떨어지겠다

꽃담

지방선거 벽보판이었다
내가 내민 손을 거둬들였을 때만 해도
굴뚝새와 불편한 동거를 하던 단단한 벽이었다
앞집과 거리는 김 한 장에 불과했다

한파를 묵묵히 견뎌온 산목련
심드렁한 표정의 담벼락에 먼저 기대었다
손목을 걸치기 무섭게 금방 끌어당겼다
누가 먼저랄 것 없이 담벼락으로 뛰어들었다
다투어 굴뚝새들이 수(繡)를 놓느라 여념 없었다

열두 폭짜리 화조 병풍이 널게 펼쳐진 것은
올봄은 유독 추워서 따뜻했다며
산뻐꾸기 우는 윤사월이었다

걸어가라, 그냥

소리를 먹고 자라는 휘파람새의 궤적만큼
높고 투명한 숲에서는
걷기 전에 거리부터 묻는 것은 삼갈 일
소나무가 온갖 세파에서도 꿋꿋하게 자라는 건
하늘소와의 싸움 때문만이 아니라는 걸
새벽이슬에게 물어보면 알게 될 일
반달곰이 칡넝쿨을 추리거나 더덕을 다듬는 일이
부지런한 산토끼 덕분이기도 하나
얼룩무늬는 가시덤불에 찔린 흉터라는 것도 곧 알게 될 일
훌훌, 털지도 못하면서 행선지부터 묻는 건
숲에서는 용서받지 못할 일
등짐 때문에 길바닥에 주저앉는다 해도
손목을 잡아끄는 건 솔, 솔, 솔바람이 자청한 일
떠나기 전에 종아리가 먼저 노곤해지는 건
멀어서라기보다 숲을 읽지 못한 두려움 때문이라는 걸
불혹(不惑)재에서는 기쁨도 땀에 섞여 씁쓸할 때이므로
목덜미를 훔쳐가며 가끔 뒤돌아볼 일
닳아진 신발창이 살아온 날을 재는 단서라는 것

시름도 편백나무에 말아 먹으면 개운해진다는 것도
대낮, 잠든 청솔모도 눈치챈 일이니

걸어가라, 그냥

그해 여름

아직도 그곳에는 TV 안테나가 갯바람에 맞서고 있었다 남자는 통발을 신고 선창을 떠났고 그녀는 깁다 만 그물코를 뜯고 사라졌다

수평선 너머에서 왔다는 그녀는 맛있는 TV에 항상 눈을 고정시켰다 동네사람들은 천생연분이라며 수군거렸고, 남자는 그녀의 입술을 소주 한 잔에 버무린 해삼으로 치부했다 날마다 남자는 탈수기에 쌀을 씻었고 뭉게구름을 그녀의 밥그릇에 퍼 담았다

눈물이 해수면을 끌어 올려 파고가 높았다 마을의 모든 안테나를 정남쪽에 맞췄으나 그녀는 수평선에서 남자의 주파수를 지워버린 뒤였다, 그해 여름

나무처럼

산다는 것은 묵은 뽕잎을 밤늦도록 갉아내어
새 이파리를 돋게 하는 노동이지요

햇빛마저 차단되고 우박까지 철퍼덕 쏟아지는 날
내시경으로 짚다 보면 무슨 울음이 저렇게 깊고 장황하여
벌집 숭숭 뚫려 있나 싶지요

멍에로 인하여 터지고 갈라졌을 세월
오랏줄처럼 얽힌 고통에 대한 몸부림에
악착같이 뿌리도 떨어지지 않으려 하지요

길들여진 삶의 구간을 오차 없이 오르내리며
물 한 방울에 한여름 그늘마저 비우고
가풀막 지는 모습
생 한 모금 다시 뛰어넘을 마지막 선택이지요

노량진, 어느 골목쯤엔가

네 귀 닳아진 책갈피에
두 눈 부라린 시간의 짐승이 살고 있다

밤새 읽는 족족 손아귀에서 빠져나가는 활자는
사내의 거처를 금세 갉아먹는 좀벌레들
침대와 화장실, 부엌과 책상을 바짝 당겨야 한 평 남짓
밤낮이 번갈아 공생하는 빽빽한 필통이어서
창호지 얼굴을 달고 사는 사내의 미간은 여태껏 좁다

보드랍거나 섹시하다 같은 표제가 눈에 띄거나
책은 포개놓은 햇살이요, 도서관은 무덤이라는 말
불혹의 사내에겐 치명적 유혹이어서
멀찌감치 세탁기에 개켜둔다

넘길 것보다 넘긴 책장의 높이가 천장을 낮춘다
새치머리에 몇 만 쪽이 훌쩍 넘었어도
사내의 모가지는 아무리 직각으로 꺾어도 모자라다

제 그림자를 지켜보는 달력마저 후들거린다
난시에 노안이 중첩된 지문이 아랍문자에 가깝다 해도
홀릭, 학문은 육질이 촉촉하고 관능적이다

노량진, 어느 골목쯤엔가
똬리를 틀지 않고선 어떤 생의 배꼽이 될 수 없는 사내
제야 종소리에 멀뚱멀뚱 뜬눈만 부비고 있다

누가 세 들어 살고 있다

번지 없는 집이라 눈길조차 없다
월세로 놓는다 해도 거들떠보지 않는다
눈길 닿는 구석마다 가랑비가 다녀간다
늘, 축축해서 캄캄한 그 집

언제부턴가 앉은뱅이꽃이 세 들어 살고 있다
뺑소니에 척추가 부러진 뒤로 꽃이길 거부하는 꽃
피멍이 너무 진해 어지럼증이 인다

홑 누더기라도 벗어줘야 할 때가 됐나보다
스무 살 부근 포장마차 불빛 아래
누군가 내게 건네주던 맑은 국밥 그대로
내 옷자락에 묻은 햇볕까지 다 털어주어야 한다

낯 시린 지하도 입구
누가 오래토록 머물다 가려는지, 한 줌 햇살로
거미줄을 칭칭 치고 있다

다림질

주름살을 펴기 위해
작업복 한 벌 들고 세탁소를 찾았지요
얼었다 풀렸다 다시 결빙되는 흔적이 주름살이라며
철 지난 껍데기에 미소까지 분무하여
문지르겠다고 하네요

어쨌거나 마음도 넉넉히 두 벌이어야 한다며
이맛살까지 빳빳하게 펴놓겠다네요
오랫동안 닳아지고 구겨진 세월의 주름살도
꾹꾹 밀어 달라 주문하며
가지런히 미소 한 벌 함께 건네지요

그 섬은 따뜻했네

다랑논들이 생수를 나눠 마시네
싹수가 몸에 배어 윗배미부터 목을 축인 뒤
손금 같은 논고랑을 따라 공손히 갯마을로 들어가네
비록 코딱지만 한 자갈땅일지라도
장엄하고 성스러워, 난 우러러볼 수밖에 없네
굵고 묵직한 황소 눈망울로 살다 보면
경계 진 논배미가 넓고 푸른 융단으로 펼쳐져
가계의 위대한 법통이 만들어질 것이네
그래서 갯가에 처음 들어서면 노랑부리괭이갈매기보다
층층이 다랑논이 눈에 띄는 것이며
섬 아낙네의 챙 큰 모자가 먼저 보이는 것이네
진눈깨비에도 비렁* 길을 훑고 나오면
갯길은 더워져 집집이 밥물로 흘러들어갈 것이네
앞마당 모퉁이 고로쇠나무에 물이 오르고
서릿발에 방풍꽃 터질 무렵
다랑이 두렁을 맨발로 짚어가며 쉬어가고 싶은 것이네
지친 육신일수록 온몸으로 맞이하는 금오도**에서
내 육신의 각질이 떨어져 먼 바다에 은하수로 꽂힐 때까지

오래도록 머물고 싶은 것이네
금오도, 당신의 자궁에서 말일세

---

* '낭떠러지'의 전라도 사투리.
** 전남 여수에 있는 섬.

꽃 진 자리

꽃이 지는 것은 날 위한 약속이며
진 자리 비워두는 일은
날 위한 배려다

사과꽃 진 자리에는 사과가
복사꽃 진 자리는 복숭아가 열리겠지

내가 풀꽃처럼 진 자리에는
무엇이 열릴까

단 한 줄의 유언을 쓰려거든

화개(花開)로 가라
벚꽃송이 펄펄 날리는 그곳에서
흐르는 냇물에 눈물 먼저 씻어보라
누추한 사월이 진창일지라도
아름다운 사랑이었노라 말해보라
가도 가도 숨 막히는 십리 길
눈이 감겨 저절로 눈뜰 때까지 걸어보라
냇물이 눈물을 실어 산굽이를 휘돌아가다
타오르는 벚꽃처럼 나부껴 보라
진양조로 산등성이를 거슬러 거슬러 가고
턱밑 닿는 숨소리로 넘어갈 때
방금 만난 당신이 누군지 몰랐다 해도
정말 반가웠다고 말해보라
사월의 봄볕에 생각이 총총해지는
화개로 가라
단 한 줄의 유언을 쓰려거든

달

달은 뜨는 게 아니라 낳는다
그래서 산은 닭이다

어깨가 다른 천 개의 봉우리마다
산통으로 더 이상 산이 숨을 멈추려 할 때
꼬끼오, 하며 쑤욱 달을 밀어 올린다
물구나무 자세로 들어 올린다

산이 수척해진다
능선마다 달빛이 들불처럼 번진다
단풍이 찬란한 이유를 이제야 알겠다
천 개도 넘는 달이 홰를 치며 봉우리마다 걸터앉는다
산꼭대기마다 백록담이 있다는 건
오래전부터 달은 산봉우리에서 출산했다는 징표

광무동 지하셋방, 봉산동 옥탑방에서도
화양리 들녘 서리 맞은 호박넝쿨에서도
도심 중앙로를 빵빵대며 쫓아가는 불신의 거리에서도

산이 알을 품어 달이 뜬다

바람이 산자락을 쓰다듬으며 지나간다
다산을 위해 닭은 다시 산이 된다

달맞이꽃주유소

손 흔드는 저녁이 되도록 자동차 한두 대 지나갔을까
주유기가 땡볕 마신 강아지마냥 늘어져 있다
길이 끝나는 곳, 멀쩡게 걸린 주유기에 달맞이꽃이 한창이다
난 뒷짐 지고 돌아가는 빈 배나 부러워하는 도로 표지판일 뿐인데
누가 주유를 하다 내 허름한 바지를 걸어놓았을까
색동바람개비 피어나는 달맞이꽃주유소

달콤한 치과

가두리에 밍크고래가 걸리는 일처럼 살면서 우연에 기댈 때가 있다

바닷가 번지에 내과는 없었다 배앓이 때문에 찾아간 치과가 없었다면 파도를 움켜쥐고 모래나 씹고 있었을 게다

배앓이는 사촌이 생선을 많이 거둘수록 끓어오르는 화병인 줄 알았다 아니면, 어젯밤 멀뚱히 눈뜬 정어리를 통째 씹었던 게 용서되지 않았을까

입안에 생선가시들이 활개를 칠 때만 해도 쉰 살의 소화불량은 없었는데 붉은 바다에 대량의 황토가 살포된다

필연이라곤 치통을 닮은 배앓이뿐이어서 난, 바닷가 달콤한 치과에 간다

무등서설(無等序雪)

무등산에
눈발이 보인다기에 갔더니
첫눈치곤 너무 많이 퍼붓더라

어깨까지 푹푹 빠져
사람들 입이 꽁꽁 얼었더라만
얼굴마다 눈꽃 환히 피었더라

한 사나흘 왕창 쏟아져
고립무원(孤立無援)에서 서너 달쯤
실종됐으면 하는 눈치더라

제3부

마른 꽃

순천만 철새도래지, 포클레인에 뛰쳐나온 미라는 발굴되었다기보다 제 발로 걸어 나왔다는 소문이 맞다
미라가 생의 예기치 않은 갈증에서 비롯되었다며 눈을 치켜뜨고 삿대질을 한다 수천 년을 횡단한 사막의 낙타도
마른 선인장에서 꽃이 찬란할 거라는 기대에 몇날 며칠 목이 말랐다

잘 구긴 환자복에 푹신히 삐걱대는 침상, 뿌연 황사를 씻어내는 눈이 반짝였으면 좋겠다
말라비틀어진 갯벌이 연기처럼 매캐하여 바다를 향한 북어의 눈이 가물가물하다
모두가 숨이 다한 꽃이라고 팽개친다 해도 마른 꽃, 강단지게 아직 숨결이어서 꽃숭어리다

그냥 버린다는 건 죄,

건네는 건 수고했다는 말 한마디, 암 병동
마른 꽃 끝내 버릴 곳 마땅찮다

진달래기차가 타고 싶다

열차를 타겠다고 궁싯거리던 녀석이 논산행 열차를 기다린다는 전화를 받은 시각 진달래가 눈뜰 채비를 할 때였지 멧돼지처럼 대가리를 들이대고 달려드는 기차가 설렘이었을 거야

두 줄 그어놓고 기다리면 김밥 한 줄, 단무지 몇 조각, 그물에 걸린 달걀과 밀감 몇 알에 노랑물이 든 녀석, 엄마의 젖가슴처럼 조물거리다 돌아오겠지 차창 밖 풍경 동물의 사육제를 보면서

그래, 진달래기차 한 번 더 타보렴 진달래꽃이 바닷바람을 밀어올려 눈 덮인 논산역에서 백야(白夜)로 물든 서울역까지

일용근로자 대기소에서

죽었어도 분탕질만 하면 다시 살아나는, 생선 한 접시의 소주가 길바닥에 엎질러져 있다

살점을 뜯어먹고 뼈까지 꽉꽉 씹어야만 뱃속이 풀린다는 사람들이 갈겨놓은 오기(傲氣)의 방류다

꼭두새벽, 옆걸음 치는 생선들이 수산시장 뒷마당을 서성대다 사람들 사이 가파른 물살을 잽싸게 거슬러간다

생선들의 눈깔이 한쪽으로 쏠린다

아, 젓가락으로 집기도 전에 먼저 뛰쳐나오려는 영리한 생선들이 사금파리처럼 찬란하다

깜부기불이 잦아든다

대기소 셔터가 철커덕 내려지는가 싶게 파도가 거칠어진다

생선들, 바다로 돌아가는 일만 무겁게 남아 있다

닭의 생활사

모이 담는 모습이 현란하다
고봉밥에서 콩을 골라내는 품새가 놀랍다
푸성귀에 지렁이, 구르는 자갈까지 밥풀마냥 삼킨다

황소개구리도 폭식으로 인해
제 몸이 고도비만이라는 걸 잊은 지 오래다
닭 앞에 살아남을 자 없다

쏜살같이 닭이 내달린다
뱁새가 함부로 황새 다리가 되는 게 아니다
뒤뚱거리는 걸음부터 수리해야 한다
날갯짓이 그냥 되는 게 아니다
하늘을 우러르는 일부터 터득해야 한다

목이 마를 때에야 모가지를 쳐드는 닭
꼬인 모가지가 풀릴 때까지 깃털을 다듬는 새를 보아라
체중 감량을 위해 날면서 분뇨도 털어낸다
잡념까지 말려 뽀송뽀송해질 무렵에야

도약을 꿈꾸는 새

며칠 더 지켜봐야 한다
추락하는 닭이 날개를 온전히 펼 때까지

풍경이 숨 쉬는 창(窓)

격자무늬 창에 걸터앉아 묵정밭 억새 도리질을 본다
물에 헹궈낸 머리채를 수건에 두드려도 물방울이 가시지 않는 풍경의 누드
살갗을 구르다 햇살을 발라 눈부시다
꽃의 오르가즘, 젖꼭지 닮은 대궁이 푸르스름한 알몸으로
마파람에 저렇게 진저리를 치는구나
달빛은 스며들고 숨소리 거칠게 몰아쉬는 저녁
팔베개에 뉘어 둔 오늘밤 내가 흔들린다

한 숟갈 퍼 담으시지요

통무, 미나리, 마늘에 다대기 바다가 뽀글거리고 속살 허연 우럭이 쫄랑거리며 맛소금을 휘젓네요

뜨거운 국물에 달빛이 굴절되면, 대관령 눈 내리는 밤이나 한여름 수락폭포가 없어도 시원하고 두근거리네요

우울한 숙취의 계절, 밥상에 파란 비늘들이 통, 통, 뛰어다니네요

텁텁한 공간에 쏟아지는 웃음소리, 웃음소리들 한 그릇의 웃음이 여러 갈래로 전염되고 있네요

마지막 축제

간 놈만 불쌍한 놈이라며 수군대는 장례식장 조문객들의 논평은 수족관에 엎드린 도다리를 위한 위로일 수 있다
손님이 회를 떠 달라는데 입 가벼운 주인이 이놈이 일품이라고 하자 도다리가 거품을 물며 야단법석이다

조문객들의 잔칫상 홍어는 썩어야 한다는 망발은 망자에 대한 예의가 아니다
맛에 길들여진 혓바닥의 소문은 소문 그대로 상주가 홍어 한 점의 소주에 눈물을 훔친다

어렵사리, 망자(亡者)가 조문객에게 베푸는 마지막 축제라는 것을 넌지시 알려준 스팸메일 덕이다

문신(紋身)

까투리 홰치는 소리 잠길 때까지 손가락으로 써레질하던 날, 아문 생채기를 왜 자꾸 덧내느냐고 묻는다

모름지기 땅은 거칠게 갈아엎어야 내성이 생긴다며 고랑 사이에 고랑을 내고 물꼬를 튼다

얼핏 아버지가 소매를 잡아당긴 것 같아 난, 고랑을 메운다

연기가 맵다는 내 눈치에 담배 지필 새도 없이 땅거미만 아버지 그림자를 길게 늘어뜨린다

논바닥에 무얼 묻었기에 노을 감기도록 허리를 펴지 않는지 일기장에 논물이 말라버린 고랑이 고랑을 만들어 개울을 만들었다고 왜 썼을까

아버지 내 등목 치고, 난 아버지 등목 치고

등목 하다말고 등짝에 웬 문신이냐며 내가 캐묻는다, 피가 삐쭉 나도록 아버지 내 등짝을 빡빡 문지른다

내 문신이다

수평의 힘

생의 무게가 한쪽으로 쏠릴 때마다
마을 앞 당산나무는 맞은편으로 더 많은 가지와
이파리를 늘어뜨린다

부려놓는 것만으로 허전하다 싶으면
동박새를 불러들여 가지를 흔들어댄다
둥지도 틀도록 바람을 햇살에 재워놓는다

바람이 무게가 있다는 걸
쓰러진 나무와 맞서본 사람은 안다
기울기가 급할수록 허리도 문질러봐야 한다
그늘에 거친 등도 눕혀봐야 한다

누울수록 잔잔해져 오는 수평의 고요
오래된 마을 육백 년 당산나무에서 또록또록
잎 피우는 일 눈물겹도록 고맙다

문자(文字)를 걸다

함부로 말을 씹을 수 없어
휴대폰을 유두처럼 조몰락거리고 있을 때
길가 이층집 창문에 눈이 내리고 있었다
먼저 눈이 말을 걸어온 것이다
말의 손을 내민 것이다
연인들의 거리나 툰드라 지대에 먼저 올 줄 알았던
눈송이는 분명 하늘이 거는 말이었다
싸락눈은 싸락눈대로, 함박눈은 함박눈대로
미처 말하지 못한 말을 육각의 방식으로 뭉쳐
내게 전송하고 있었던 것이다
이층집 창문에 수북하게 쌓여야 할 말의 씨앗들
저 백색의 거대한 휴대폰이 사랑을 해독할 때까지
몇 번이고 덮개를 열고 닫는다

물레 돌리는 시간

목화밭 한 평 남짓 손발이 저렸다
눈뜬 졸음, 돌아갈수록 의식이 희미해졌다
끊어지는 건 무명실만이 아니었다
가락에 감긴 시간의 실타래에 눈을 베였다

보름달 높이 뜬 풍경은 없었다
먹빛 흙 뜨기가 바쁘게 꾸벅대는 시간뿐이었다
물레라는 악마가 동트는 일만 더디게 했을
수렁의 시간을 주물럭거렸다

물레 돌리는 시간과 마찰력으로 가속도가 붙었을 내 손놀림과
어머니가 구워내는 실타래를 서로 견주어 보았다
나도 거부할 수 없는 물레의 소용돌이에서 태어나
한 줌의 흙으로 돌아갈 것이다

살아온 시간을 눙쳐 살아갈 시간을 굽는 일
달항아리가 손끝에서 우연히 소성되는 게 아니라는 것을
온몸으로 따귀를 때리고 쳐대며 돌아가는

물레에서 어지럽게 읽었다

물 한 모금, 흙 한 줌 먹고
맑은 수의(壽衣) 한 벌 지어낼 분량의 지금은
물레 돌리는 시간

미루나무 아래로

미루나무는 하늘을 향해 이파리를 달 뿐이다

물고 물려 헝클어졌지만 가지런한 그늘을 거느리는 걸 보면 한 번쯤 미루나무 아래로 들어가 봐야 한다

이마 들이대는 일 없이 자라가는 걸 습관이라고 해야 하나 어깨를 겯고 솟구치는 이파리들이 구름에 닿도록 팔랑거린다

비뚤어지게 제멋대로 읽는 아이들, 애써 줄 맞추라 다그치지 않아도 아름드리 미루나무가 될 수 있을 것

회초리 엄마들에게 침을 튀기며 이야기한다

보도블록이 있던 자리

이 빠진 자리에 빗물이 고였다
깊은 웅덩이를 혀끝으로 다독거렸다
털어낸 곳마다 바람이 매웠다
덧난 이마가 아물기도 전 또 딱지를 걸어냈다

서까래가 없어도 방이고 싶었을 것이다
처마 밑 머물던 햇살이 달아나기 전까지
식은 재라도 넣고 싶은 밤이었다

비닐하우스 윗목은 뜨끈하였다
새우 잠자리에 엇갈리게 일곱 식구가 뒤엉켰다

삿대질에 보도블록 같은 집들이 뜯겨나갔다
덤프트럭의 질주에 밤은 뜬눈이었다
가로등 불빛만으론 너무 추웠다

용서받지 않고선 밟을 수 없는
핏줄 터진 보도블록을 절룩거리며 걸어갔다

빨리 오는 봄

어느 목욕탕은
노인들을 위해 번갈아 요일별로 문을 연다
천 원에 온종일 물 천국이 되는

'아따, 무자그니 시원해 뿌네.'
'개안해!'
'시내까지 갈라믄 돈이 얼마나 더 든디, 다행이랑께!'
'따신 물도 맴대로 쓰고 얼마나 좋은가!'
'근디, 일요일에는 왜 문을 안 연당가?'
'주인도 봄놀이 가야제'
'여기가 봄인디 가긴 어디를 간당가?'

여기가 봄이라는 말
빨리 오는 봄이 지청구다

무질러갈수록 더 좋다

빵빵대는 출근길
속박을 뛰쳐나온 하이에나
송곳니를 세워 무질러간다

룸밀러로 정조준하여
백밀러에 사정없이 포박한다

빨간 신호등에 족쇄가 채워진다
바람 드는 차창을 내린다

나팔 꽃씨처럼 잘 익은 얼굴
그냥 넝쿨손만 흔들어도 될 걸
미소까지 건넨다

무질러갈수록 더 좋다

사라진 부처

상원사 적멸보궁 앞뜰
산새가 앉았던 자리 맑고 환하다

누가 밤새 번뇌를 쓸며 가다
사금파리 한 조각 홀연히 빠뜨렸을까

봄 햇살에
잠깐 조는 사이 산새가 날아간다

어디로 갔을까

기어이
부처가 사라졌다

제4부

초복(初伏)

방금 산 에어컨을 돌려도 헉헉거리는 날 개밥그릇을 뺏어와 핥았다 싹싹 핥아도 절대 배부르지 않을 밥그릇에서 유년의 쓸데없는 기억을 떠올리다가 기둥 대못에 걸린 절망을 쳐다보았다 얼마나 단단하게 박혔는지 개방울이 풍경 소릴 낼 때마다 내 목이 짜릿하게 조이는가 하면 뜻 없이 눈물도 찔끔했다 그때마다 입맛을 쩝쩝 다시는 이웃 사람들 담 너머로 소름이 끼치도록 노려보았다 나는 눈길 둘 곳 없어 골방으로 들어갔다

시 마지막 행을 퇴고하였다

산수유 옆 간이우체통

산수유 옆 간이우체통이 서 있어요
무슨 사연이 그리 많아 도대체 읽을 수 없어요
돌담 그림자도 붉은빛이었거든요
오전 열 시에 집배원이 우체통을 찾아왔어요
문을 열자 누군가 슬어놓은 꽃숨들이 가득했어요
조심스레 산수유 열매를 꺼내 읽었어요
채 여물지 못한 산골 소년의 사랑이 얼어버릴까
산할아버지의 기침 소리가 끊어질까 봐
서울로 가야 할 우편번호가 서로 뒤섞일까 봐

무척 배가 고플 거예요
기다리는 시간이 참 길기도 할 거예요
산수유 열매마저 다 털어버리는 날
산동네에 깨끗하게 흰 눈이 그림엽서처럼 내릴 거예요
혹시 알아요, 흰 목덜미의 그녀가 불쑥 날아들지도
윗목까지 따뜻하게 지펴놓아야겠어요
대설특보에 평생 동안 실종될지도 모르기에
집배원마저 들어오지 않는 캄캄한 세상을 위해

눈꽃을 바라보며 눈 녹을 때까지

실종된 그녀가 눈사람으로 발견될 때까지

상사화에 대하여

헉, 붓이 거꾸로 처박힌다

두근두근, 진통이 오나보다
입술이 갈라지며 끝내 핏덩이를 살짝 찍어놓는다
붉은 꽃대궁이 도톰하다

붓놀림에 그녀의 입술도 덩달아 벌어진다
일 년을 기다렸으나 넌 열 달도 못미처 꽃숨을 드러냈다
그동안 아이 발길질에 멍도 들었겠다만
지아비를 핑계 삼아 붓을 함부로 뭉개진 않았을 터
날숨을 포기하려던 동틀 무렵까지

열여덟, 발악하는 열대야를 온몸으로 부채질하느라
이파리가 갈가리 찢겼다, 밤새 물집인지 말줄임표인지
땀방울이 붓끝에 송글송글하다

잎도 없이 꽃숭어리를 뭉친다는 것은 아름답고 처연한 일
저 붓끝에서 분홍빛 새벽이 만개할 것이므로

여인은 햇살에 손을 녹이고 아이는 젖꼭지를 빨 것이다

붓이 처박힌 자리마다 상사화가 만발이다
치마폭 열 발가락에 꽃물이 범벅이다

창밖, 풍경을 오려 액자에 단단히 건다

슬픈 전설

전설을 쫓아가는 길이 이토록 아득하다, 탱자나무 울타리 쇠뜨기도 맛있게 먹고 자라던 마당에 그을리다 만 솥단지 허물이 벗겨져 있다, 불기가 있긴 있었던 모양이다, 소금기도 몇 알 남았을까, 장독을 빨고 있는 고추잠자리, 바퀴벌레까지 부산하게 노대는 걸 보면 부엌도 그쯤 있었다는 증거일 터, 마을 사람들이 엉거주춤 아궁이에 시름을 지피고 있다가 그대로 부지깽이가 되어가고 있는 집, 폐허의 사방연속무늬를 치는 거미가 지금은 살맛나는 세상, 떠나는 것은 사람이 아니라 마을이라고 해야 맞다, 돌아오지 않을 사람들이 팽개치고 간 실밥 같은 웃음들, 삶의 토막이 실종된 사건이라 우긴들 신고할 사람조차 없어 집은 텅 비어 있는 것, 바지랑대에서 찬바람이 일더니 다람쥐가 우수수 내려온다, 초가을이라 부르기에는 매미가 턱없이 우는 한낮, 빈집이 고질병이 되어버린 마을에서는 콩으로 메주를 쒔다는 이야기가 슬픈 전설로 자라고 있다

오래된 우물

소문난 사람들은 이곳에 와 다 죽었다 살아났다 부녀회장은 밑 빠진 독에 물을 붓다 삼촌은 음주면허로 논고랑에 빠졌다 청년회장은 밤꽃 속으로 자취를 감췄다 이장은 읍내다방 허벅지를 훔친 죄로 쌀, 개값 치르고 살아났다

귀가 얇다 해서 소문으로 끝난 법은 없었다 읍내 장을 한 바퀴 치맛바람으로 돌아 나오거나 마실에서 담아온 소문들도 죄다 이곳에 빠졌다 살아났다 누구든 만신창이에 허우적거리다 끝내 익사했다 다시 살아났다

우물은 흔적을 도려내지 못했다 퍼내고 퍼내도 마르지 않는 우물의 말솜씨가 유창했다 소문의 뿌리를 찾겠다며 던져놓은 두레박 수사법만으론 혐의를 찾을 수 없었다 미제사건으로 덮어두자는 산까치의 말씀마저 빠졌다 살아났다

오래된 우물가, 잡초가 진창이었다

솟대

뽑혀버린 생각의 깃털이 허공에 날아다녔다
그러다 끝내 빗물이 되어 병실로 흘러내렸다
정처가 없다는 게 항암주사보다 더 아팠다
솟대에게 체념은 극약이기에 코에 목감기 정도여야 했다

머리와 양손이 피범벅이었다
옹이가 드러날 때까지 다듬어야 했기에
피가 솟아도 칼질이었다
링거액이 마르지 않게 밤새 기러기의 동공을 헤집었다

풍향을 가늠할 수 없다는 절박한 이유로
기러기가 박제가 될 수 있다고 하늘이 설명해야 할 차례였다
새털구름이 위로 차 다녀갔으나 부질없었다
하마터면 실도 풀기 전에 구름에 또 부딪칠 뻔했다

비가 멈췄다
피 묻은 먹이를 둘러싼 수리 모습 그대로
솟대에 먼저 앉으려는 기러기들이 등짝을 들이밀었다

멀리 보려 뒤꿈치를 들어도 다리가 짧았다
내 긴 목발을 내주었다

위대한 포식자

사마귀 집에선 잔류농약이 검출되지 않았다 눈과 다리 사이가 짧은 여치 풀꽃아파트에 사마귀가 밤낮 들락거렸다 사글세방이 전부인 여치 뒷다리가 심상찮았다 종일 뛰어다니다 관절이 쑤실 때야 드러눕는 새벽 네 시 괘종이 없어도 벌떡 일어났다

사마귀는 사글세방을 샅샅이 훑어보았다 펴 논 이부자리 곰팡이도 시장기에 쪼르륵 소리를 냈다 얼마나 게걸스럽게 먹어야 지독한 거식증이 가라앉을까 살충제 분무가 고려됐으나 톱니에는 맹독성 농약도 비빔밥 양념일 뿐이었다

왕잠자리 냄새에 사마귀 눈이 휘둥그레졌다 그때, 개구리 혓바닥이 허공을 잽싸게 갈랐다 배불뚝이 사마귀 내장이 드러났다 먹잇감은 여치가 아닌 초고층 풀꽃아파트였다

위대한 포식자였다

첫사랑
—진도홍주

만난 게 축복이었어
자기라 부를 때까지 숱한 곡절도 많았어
난 아직도 똑똑하게 기억하고 있어
모가지를 꺾을 때마다 달아오르던 붉은 노을 말이야
혀의 서편에서 동편으로 굴절되는 네 입술과
목구멍을 적시던 달콤함이란…… 생각만 해도 끔찍해
넘길 때마다 저리던 세상이 사랑이었으니
난, 물조차 마시길 거부했었지
자기의 오묘한 멋과 맛이 혓바닥에서 구르기 전까지
하시라도 없으면 불면증이 올 정도였으니까
끌어안고 날을 꼬박 샌 적도 있었으니까
순간이었을 게야, 솜털구름이었어, 불덩어리였어
틀림없이 열병이 온몸으로 퍼졌던 게야
첫사랑은 잔인하게 부서져야 진리가 된다고 했다지
전신이 저리도록 어금니로 눈물 흘렸지
다시 아침이 깨어나는 거야
붉은 노을 핏발 선 첫사랑이었어

신몽유도원도(新夢遊桃園圖)

자네, 복사꽃 피는 마을에 가보았는가 산세가 험할수록 겨드랑이마다 숭어리로 피어나는, 계곡이라 해도 좋고 실개천이라 해도 웃으며 흘러가는 마을 사람들을 보게, 팽팽한 화선지에 먹물을 뒤집어쓴 산봉우리들이 올망졸망 복사꽃을 피우고 있네, 모름지기 꿈결이란 복사꽃 아래서 함께 꽃비를 맞는 것 아닌가, 마을 사람 발그레한 뺨들이 봄볕 때문만이 아니라는 걸, 종일 걸어도 녹작지근한 것은 복사꽃일 테니 퍼주는 밥이 더 맛있다는 득수*의 말씀이 천 번 옳네

자네, 그곳에 백로가 훨훨 날아든다고 생각해보게, 늘 푸르러 인품이 고매한 소나무에만 앉는 게 아니어서 백로의 행적은 득수의 붓끝에 물어봐야 하네, 그때는 시베리아로 돌아갔거나 잠시 강가로 외박을 나갔거나 도원(桃園)을 오르내리느라 먹물이 다 닳아졌을 것, 백로는 낭떠러지에 둥지를 틀 수 없으니 이제라도 물길을 돌려 갈증을 풀어줘야 하네, 그래야 산자수려한 마을로 돌아올 게 아닌가

자네, 올 땐 차 버리고 물어물어 걸어오게, 잠방이가 젖는 복사

꽃 범벅 마을로

---

*안견의 호(號).

엽서 한 장

진한 사랑일수록 엽서에 쓰자
사연은 짧아야 아림의 깊이가 깊어진다
눈앞이 멍멍해지면 눈물로도 빨리 채울 수 있어
좋은 손바닥만 한 그릇, 사랑이 모자라다
하여, 여백으로 비워두면
산비둘기 날아와 햇볕도 쪼고, 쪼아놓은 구멍마다
바람은 사랑의 씨앗을 또 묻을 테니
내년 이맘 숲을 이뤄 시원한 도랑물도 흘러가겠지
그 물에 네 발 담그고, 내 손 담그면
사랑이 팔딱 건너가겠지

춤추는 리본

무중력 상태, 대기권 밖이어서 몸짓이 정처 없었다 내심 한 마리 호랑나비가 되는 일 신발 끈을 단단히 조여야 했다 그녀가 리본으로 그려야 하는 궤적은 생의 동력원이자 조향장치인 우주의 굴렁쇠, 관객이 리본이라 말할 때 난 바퀴라고 우겼다

어디든 바퀴를 굴리면 호랑나비를 만날 듯했다 색동 리본이 굴렁쇠처럼 빨려들었다 숨이 막힐 듯 정적이 끓어오르고 꽃들이 일대 수런거렸다 저 현란한 몸짓을 내 눈 안에 오래 가둬놓을 수 없는 일

찰칵, 우주가 그대로 멈췄다 호랑나비가 내 손 안에 사뿐히 내려앉았다

그녀의 목에 보름달이 출렁거렸다

열다섯 살

그래, 정말 가고 싶었겠지
더 빨리 가고 싶었겠지

그런데 그게 뭐야
비닐봉지에 옷 몇 가지 유서처럼 넣고 다니면서
손 시린 세상을 향해 단 한마디 없이
그렇게 미련 없이 가버린 게야

운동화는 왜 신고 다녔을까
맨발이었으면 가는 길이라도 가벼웠을 텐데

피자였을까
새 옷이었을까
어머니였을까

저 컴컴한 아스팔트 위에
무심히 굴러가고 있을 비닐봉지였겠지
목숨 없는 목숨도 저렇게 거리를 누비는데

눈물방울 채 털어내지 못하고
부러진 앳된 얼굴

열다섯 살

폐교장(廢校場)에서

한사코 먼 산만 바라보는 어르신들이 까치발로 손을 흔들던 그 날 이후, 교실엔 곰삭은 달빛이 넘나들고 사주를 경계하던 충무공 동상도 눈이 침침한지 날벌레들 운동회만 한창이다

가장 높은 계급장의 국기게양대는 풀린 다리마냥 속절없이 흔들리고, 방범등에 뛰어들어 표본이 되려는지 풀벌레 울음이 가득하다 삐걱대는 풍금에 맞춘 공이 울타리를 넘어 돌아올 길이 막막했던 때 짠물만 닦던 너였다

뽐아대던 개망초가 너만큼 자라 숲을 이루었지만 문패는 끝까지 떼어내지 않겠단다 멀린 던진 물수제비가 파도로 철썩거릴 때까지 파수꾼으로 남아 있겠단다 솟대가 되어 오래토록 지켜볼 거란다

송판 자투리에 새겨놓은 남양서국민학교

환승역에서

전철역에서 몇 블록이나 될까요 전동차 소음에 사고파는 방 한 칸 없다며 느긋하게 엄살을 부리는 부동산중개소 매물로 나온 고층아파트들이 활개 치는 의자에 말쑥한 사내가 앉아 있네요 행복부동산이라는 누드 광고지에는 빌라에 기러기아빠까지 덤으로 넘긴다는 뜻인지 문짝마다 코딱지가 즐비하네요 신용불량은 용서치 않겠다는 현수막들이 어금니를 갈고 있네요 아랫목이 부실한 사내가 컨테이너박스에서 다 닳아진 치약처럼 빠져나오네요 아이가 등교한 지 벌써 일주일이 지났고 생활비도 동났다며 풀칠도 덜 된 항공우편이 날아왔네요 갑자기 오줌이 마려워요 철로에 떨어지는 빗방울을 얼핏 본 것 같은데 빗방울이 무성영화처럼 끊기네요 폴리스라인에 갇힌 사내가 꿈쩍 않네요

마지막 여물

소는 되새김질하는 이유를 모른다
몇 개의 물주머니가 악성종양이라 우긴다 해도
고개를 끄덕일 수밖에 없다
울타리 밖으로 송아지가 손톱만큼 삐져나와도
보름달처럼 휘둥그레지는 소
죽음을 알아듣는 귀가 커도 너무 크다
갈라진 발가락이 또 갈라진다 해도
끔벅대며 날 바라볼 뿐인 소
여물 한 줌 줘본 적 없어 나는 욕먹어도 싸다
빌어먹을 소가 또 넘어진다
벌써 열다섯 번째 구덩이가 덮인다
내던진 삽자루가 앞산을 넘어간다
주사 한 방 놓고 무릎을 꿇는다

해설

세상의 안부를 묻다, 통섭(通涉) 그리고…

신병은 시인

얼마 전 이세돌과 알파고의 세기적 바둑 대국에서 이세돌은 '인간의 아름다움을 이해하지 못하는 컴퓨터와의 대결이라 질 수도 있다'고 했다. '인간의 아름다움'이란 의미를 다시 한 번 되새겨볼 수 있는 기회가 되었다.

우리 삶에서 어떤 경우에도 '인간'보다 우선하는 것은 없다고 본다. 시 또한 우리로 하여금 인간이라는 사실을 잊지 않게 하는 것, 살 만한 세상, 아름다운 세상을 발견해 끊임없이 보여준다. 그래서 시는 세계를 담는 그릇이고, 인간의 아름다움을 담는 그릇이다. 그렇다고 거창한 일이 아니라, 일상의 작은 경험들을 스스로 다독이고 삶을 창조하는 기회를 가지면서 자존감을 키워갈 수 있어야 한다. 인간과 자연을 아끼는 마음, 거기에 깃들어 있는 스토리와 기억으로 존재를 재확인되는 것이 시의 매력일 것이다.

세상을 바라봄에 있어서 우리는 자기 나름의 관점을 취하기 마련이다. 그것은 개개인별로 완전히 다르다기보다는 일정한 집단 내에서 공유되는 경우가 많다. 세계관은 곧 정체성이라고 할 수 있다. 문제는 그것을 절대화하는 데 있다. 자기(들)가 바라보는 세상이 전부라고 착각하는 것이다. 맹목적인 믿음에 사로잡혀 다른 가치관을 인정하지 않는 행태가 가장 흔한 사례다. 그러나 진리는 변하는 것이라는 전제하에 오만과 편견에서 벗어나는 일이 시적 인식의 순간이다.

시는 통섭(consilience)이다. 융합이고 퓨전이다. 통섭(通·통할 통, 涉·건널 섭)이 널리 소통한다는 의미라면, 최재천 교수의 통섭(統·큰 줄기 통, 攝·당길 섭)은 서로 다른 것들을 당겨 합쳐 뭔가 새로운 것을 만든다는 창조의 개념이다.

시는 자연과 인간, 인문학과 자연과학의 공통 언어를 찾는다. 알고 보면 시는 인문과학 속의 자연과학, 혹은 자연과학 속의 인문학을 발견해내고 소통하는 것이다. 소통을 통해 한글창제의 중성원리와 다문화가족, 비빔밥과 꽃꽂이 등에서 '섞여야 아름답다'는 공통분모를 발견해내고 의미를 새롭게 이해하게 된다.

통섭은 존재하지 않은 것을 상상할 때 새로운 것을 만들 수 있다. 또한 육체의 눈으로 볼 수 있는 것은 한계가 있기에 마음의 눈을 계발하라고 주문한다. 통섭은 단순한 동반자 관계를 만드는 것이 아니라, 경계를 넘어 상생의 논리를 다지는 통합이며, 다른 곳에서 이쪽을 더 잘 보게 하는 감점의 재발견이다.

이런 점에 기대어 정영희 시인의 시를 만난다. 정영희 시인의 시를 보는 몇 가지 키워드를 보면 '인간', '통섭 그리고 융합과 퓨전', '새로운 발성법', '유비적 상상력과 투사' 등이다.

시인의 첫 시집 『선암사 해우소 옆 홍매화』에서도 필자는 '풍경을 표절하는 원형적 상상력'이라는 제하의 해설을 쓴 적이 있다. 그때도 나는 시인의 시를 보는 몇 가지 키워드로 '발상이 참신하고 언어의 경계가 분명하다, 은유의 기발함이 있지만 지나친 비약에 대한 견제가 있다, 참신한 언어 구사, 온몸으로 밀어올린 울림이 있는 깊은 맛이 배어 있다, 인간에 대한 따뜻한 응시가 있다.' 등을 예비 포즈로 제시한 적이 있다. 내가 정영희 시인을 '시창작의 교과서'라 일컫는 이유도 그만큼 대상을 만나 이해하는 속력이 빠를 뿐만 아니라, 대상과 대상을 매개하는 언어 직조력이 돋보이기 때문이다.

이번 시집도 첫 시집의 연장선에서 크게 벗어나지 않지만, 원형적 상상력을 지피는 언어의 긴장미와 숙련도의 폭과 깊이가 굳건해졌다는 점이다. 그 이유 중의 하나가 '통섭에 의한 타자와의 소통'이 더 세련되고 건강해졌기 때문이다. 자아와 타자가 만나는 일, 서로 바라보는 데서 새로운 눈을 갖는다. 그의 통섭은 대상과 새로운 눈으로 만나면서 새로운 발성법을 얻는다. 그 발성법 속에 무한한 상상력과 직관이 내재해 있어 일상에서 쉽게 볼 수 없는 것들을 보게 해주고, 관념을 배제하고 바라보는 시안이 자리하고 있다.

여천공단 입구 주유소 옆에 아침햇빛편의점이 있습니다 어그러진 톱니의 아우성에 자다 깨다를 반복하는 컵라면과 라이터, 담배와 일회용 면도기, 칫솔에 양말, 검정봉지에 진공 포장된 어둠 몇 숟갈이 눈을 깜빡거립니다 하품에 재채기를 더하여 텁텁한 목감기까지 그러나 검정봉지를 지키는 편의점 불빛은 더디 오는 아침이 지루합니다 이제야 눈금 없는 시계가 정남북을 가리킵니다 야적장 폐타이어는 더 오를 곳이 없어 제 고집대로 굴러다닌 지 오랩니다 작업장의 높은 천정에 눈이 가물거리기도 했으나 자외선보다 더 따가운 불꽃의 폭력 앞에선 산소용접 마스크도 무용지물입니다

돌아가는 차량이 꼬리를 물면서 아침햇빛편의점이 부산해집니다 야간작업을 마친 이들이 이빨에 낀 어둠찌꺼기들을 이쑤시개로 걷어냅니다 쓴 입맛에 방금 눈곱을 뗀 흰 햇빛봉지를 한 개씩 집어 듭니다 집안 칙칙한 습기를 쓸어내기 위한 햇빛빗자루, 단잠에 빠진 아이들을 깨우는 햇빛과자, 아내 손금의 물기를 닦을 햇빛이 백 그램씩 포장되어 있습니다 그러나 당신은 당신의 낮잠을 무르익게 할 검정 수면용 봉지에 먼저 손이 갑니다 그 봉지에는 무거운 눈꺼풀이 찰싹 달라붙게 하는 수면용 어둠 백 그램에 일 그램의 햇빛이 들어 있습니다

아내의 배가 검정 수면용 봉지로 서서히 부풀어 오릅니다

—「아침햇빛편의점」 전문

「아침햇빛편의점」은 〈여수해양문학상〉 대상 수상작으로 당시 "어둠 속에서 더 빛나는 편의점, 아침 햇빛이 있어 살맛 나는 세상이다. 햇볕이 늘 그리운 이유는 팍팍한 삶 때문이 아닌가? 억척스런 사람에게는 어둠이 생의 축제일 수도 있다. 야누스적 공단 풍경은 생사를 가르는 풍요의 상징이다."라는 시인의 수상 소감이 기억이 난다.

심사를 맡은 허형만 시인은 "「아침햇빛편의점」은 편의점의 모습과 일상을 '자외선보다 더 따가운 불꽃의 폭력'이 주는 공단이라는 배경과 대비시키면서도 경쾌하게 서민의 하루 시작을 묘사하고 있다. 시적 감수성이 매우 따뜻하다"는 평을 했다.

이는 정끝별 시인의《전남일보》신춘문예 심사평에서 그의 시가 여타의 시인들과 다른 근본적인 지점으로 시적 긴장 혹은 시적 비약, 언어적 숙련을 기반으로 하는 응집과 맺힘을 그 중요한 요소로 지적하면서 시적 사유가 깊고 상상력이 뛰어남을 치켜주고 있는 부분과도 상통된다.

「아침햇빛편의점」은 제목부터가 시적 사유의 깊이를 보여주는 신선한 충격이다. 이 한 편의 시로도 정영희 시인의 시를 말함에 있어 부족함이 없는 시다. 야간작업을 마친 이들의 이빨에 낀 어둠찌꺼기, 눈곱을 뗀 햇빛봉지, 습기를 쓸어낼 햇빛빗자루, 잠든 아이들을 깨울 햇빛과자, 아내 손금의 물기를 닦을 햇빛 등 언어 직조력에 기댄 상상력의 차원이 다르다.

상상력은 없는 것을 보는 것이 아니라, 있는 것을 어떻게 다르게 볼 것인가의 문제라면 정영희 시인의 상상력의 원천은 과연 무엇일까. 그 근저를 나는 '통섭(統攝)'에서 찾게 된다. 통섭에 의한 시적 거리와 긴장이 바로 그 밑자리일 것이다. 통섭은 서로 다른 것들이 서로 통하여 새로운 것을 만들어내는, 세상을 새롭게 읽는 소통의 방식이다. 시간과 공간을 뛰어넘어 폭넓은 상상력을 펼 수 있는 비결이면서 대상과 현상이 간극을 벌려 시적 긴장미를 높이는 그만의 시적 장치다. 세상에는 우리가 읽어내기 어려운 기호가 내장되어 있는 경우가 많다. 그 보이지 않는 기호를 유비적 상상력을 통해서, 투사를 통해서 드러내 보여주는 힘 또한 통섭의 힘이다.

「아침햇빛편의점」은 당돌하기까지 한 제목부터가 현대적 삶을 대변하는 공단 풍경과 편의점을 아침햇빛과 연결하는 세밀하고 애정에 찬 통섭의 눈으로 삶의 신성을 발견해내는 언어 직조력이 깊다. 그러면서 일상생활 속에서 자연스럽게 시상이 발현된 비유들이 생생하게 살아있는 것도 그 이유일 것이다.

> 주름살을 펴기 위해
> 작업복 한 벌 들고 세탁소를 찾았지요
> 얼었다 풀렸다 다시 결빙되는 흔적이 주름살이라며
> 철 지난 껍데기에 미소까지 분무하여
> 문지르겠다고 하네요
>
> 어쨌거나 마음도 넉넉히 두 벌이어야 한다며

이맛살까지 빳빳하게 펴놓겠다네요
오랫동안 닳아지고 구겨진 세월의 주름살도
꾹꾹 밀어 달라 주문하며
가지런히 미소 한 벌 함께 건네지요

—「다림질」 전문

위 시 또한 통섭에 의한 유비적 상상력이 밑자리에 깔려 있다. "얼었다 풀렸다 다시 결빙되는 흔적이 주름살"이라며 개념 정의를 통해 "철 지난 껍데기에 미소까지 분무하여" "이맛살까지 빳빳하게 펴놓겠다" "오랫동안 닳아지고 구겨진 세월의 주름살" 등의 통섭에 의한 상상력이 돋보인다. 그러면서 "가지런히 미소 한 벌 함께 건"네는 포즈에 안겨 있는 가슴 따뜻한 응시가 있다.

이러한 상상력은 특히 개념에 대한 이해로부터 출발하고 있음을 알 수 있다. 창작에서 중요한 하나의 변수가 되는 개념에 대한 이해는 모든 일이 기본에 충실할 수 있어야 하듯이 시 창작은 특히 언어의 개념 이해로 출발하고 있다. 개념을 먼저 이해하고 분석할 수 있어야 한다. 어떻게 보면 우리 삶은 수많은 개념의 연속이다. 이러한 개념의 의미가 모호해지면 불필요한 소모가 발생한다. 개념분석은 새로운 의미를 발견해내는 비결로써 대상과 대상과의 관계 속에서 확장되고 변이되기 때문에 이 또한 통섭이다. 관계 짓기, 투사하기를 통해 '다림질'의 개념을 확장 변이시켜 삶의 이해를 돕는다.

달은 뜨는 게 아니라 낳는다
그래서 산은 닭이다

어깨가 다른 천 개의 봉우리마다
산통으로 더 이상 산이 숨을 멈추려 할 때
꼬끼오, 하며 쑤욱 달을 밀어 올린다
물구나무 자세로 들어 올린다

산이 수척해진다
능선마다 달빛이 들불처럼 번진다
단풍이 찬란한 이유를 이제야 알겠다
천 개도 넘는 달이 홰를 치며 봉우리마다 걸터앉는다
산꼭대기마다 백록담이 있다는 건
오래전부터 달은 산봉우리에서 출산했다는 징표

광무동 지하셋방, 봉산동 옥탑방에서도
화양리 들녘 서리 맞은 호박넝쿨에서도
도심 중앙로를 빵빵대며 쫓아가는 불신의 거리에서도
산이 알을 품어 달이 뜬다

바람이 산자락을 쓰다듬으며 지나간다
다산을 위해 닭은 다시 산이 된다

—「달」 전문

시의 승패는 통섭에 닿은 첫 생각에 달려 있다. 「달」의 첫 생각은 “달은 뜨는 게 아니라 낳는다”이다. ‘낳는다’라는 언어 개념을 통섭으로 매개함으로써 산이 닭이 되고 달이 알이 된다. 그러면서 산이 수척해지고 달이 홰를 치고, 산봉우리 출산이라는 진술이 가능해진다. 그러면서 광무동 지하셋방, 봉산동 옥탑방에서 화양리 들녘에서도 도심 중앙로 불신의 거리에서도 산이 알을 품어 달이 뜨는 것이다. 달은 삶의 희망이고 긍정의 메시지에 자연스럽게 옮겨가는 것이다.

> 전설을 좇아가는 길이 이토록 아득하다, 탱자나무 울타리 쇠뜨기도 맛있게 먹고 자라던 마당에 그을리다 만 솥단지 허물이 벗겨져 있다, 불기가 있긴 있었던 모양이다, 소금기도 몇 알 남았을까, 장독을 빨고 있는 고추잠자리, 바퀴벌레까지 부산하게 노대는 걸 보면 부엌도 그쯤 있었다는 증거일 터, 마을 사람들이 엉거주춤 아궁이에 시름을 지피고 있다가 그대로 부지깽이가 되어가고 있는 집, 폐허의 사방연속무늬를 치는 거미가 지금은 살맛나는 세상, 떠나는 것은 사람이 아니라 마을이라고 해야 맞다, 돌아오지 않을 사람들이 팽개치고 간 실밥 같은 웃음들, 삶의 토막이 실종된 사건이라 우긴들 신고할 사람조차 없어 집은 텅 비어 있는 것, 바지랑대에서 찬바람이 일더니 다람쥐가 우수수 내려온다, 초가을이라 부르기에는 매미가 턱없이 우는 한낮, 빈집이 고질병이 되어버린 마을에서는 콩으로 메주를 쒔다는 이야기가 슬픈 전설로 자라고 있다

—「슬픈 전설」 전문

자꾸만 마을이 사라지고 있는 현실, 이미 우리에게 전설인지 모르는 텅 빈 시골마을 풍경으로 개념에 대한 정의는 물론 역설과 유비까지 잘 버무려져 있다. "떠나는 것은 사람이 아니라, 마을이라고 해야 맞다"에 보이는 폐허에 대한 새로운 개념 정의가 드러나 있을 뿐만 아니라, '쇠뜨기도 맛있게 먹는다는 마당이며 엉거주춤 아궁이에 시름을 지피고 있다 그대로 부지깽이가 되는 집, 폐허의 사방연속무늬를 치는 거미가 살맛 나는 세상, 돌아오지 않을 사람들이 팽개치고 간 실밥 같은 웃음들' 등의 표현에서 관계 짓기 투사하기의 자유 분망한 화법에도 통섭이 잘 드러난다.

이 점에서 보면 정영희 시인의 언어적 포즈 역시 통찰이다. 적절한 순간에 진실한 말 몇 마디가 인생에 얼마나 큰 영향을 줄지 아무도 모른다는 이것이 '공감의 힘'이라면, 진부한 생각에서 벗어날 수 있는 생각의 혁명도 개념을 먼저 이해하는 데서 시작된다. 이미 굳어 있는 의미를 부수고 그 속에 숨겨져 있는 새로운 의미를 파헤쳐내는 정영희 시인의 시적 긴장도 이 점에서 찾게 된다.

사마귀 집에선 잔류농약이 검출되지 않았다 눈과 다리 사이가 짧은 여치 풀꽃아파트에 사마귀가 밤낮 들락거렸다 사글세 방이 전부인 여치 뒷다리가 심상찮았다 종일 뛰어다니다 관절이 쑤실 때야 드러눕는 새벽 네 시 괘종이 없어도 벌떡 일어났다 사마귀는 사글세방을 샅샅이 훑어보았다 펴 논 이부자리 곰팡이도 시장기에 쪼르륵 소리를 냈다 얼마나 게걸스럽게 먹어야 지독한 거식증이 가라앉을까 살충제 분무가 고려됐으나 톱니에는 맹독성 농약도 비빔밥 양념일 뿐이었다

왕잠자리 냄새에 사마귀 눈이 휘둥그레졌다 그때, 개구리 혓바닥이 허공을 잽싸게 갈랐다 배불뚝이 사마귀 내장이 드러났다 먹잇감은 여치가 아닌 초고층 풀꽃아파트였다

위대한 포식자였다

—「위대한 포식자」 전문

사마귀의 사인을 규명하는 수사와 같은 시적 전개도 전개지만, 여치와 사마귀, 그리고 개구리의 먹이사슬을 기발한 화법으로 풀어내고 있다. 여기에 '여치풀꽃 아파트, 사글세방, 위대한 포식자'의 어휘도 단단히 한몫하고 있다. 포식자 위에 있는 위대한 포식자는 어디에도 있다는 약육강식의 삶의 현장을 과감 없이 있는 그대로 드러냄으로써 우리 모두가 위대한 포식자는 아닐까 하는 반성적 사유까지 이끌어낸다. 시인의 세련된 언어 부림은 포즈가 곧 이야기임을 명징하게 드러내는 데 부족함이 없는 통섭이다.

어디든 바퀴를 굴리면 호랑나비를 만날 듯했다 색동 리본이 굴렁쇠처럼 빨려들었다 숨이 막힐 듯 정적이 끓어오르고 꽃들

이 일대 수런거렸다 저 현란한 몸짓을 내 눈 안에 오래 가둬놓을 수 없는 일

찰칵, 우주가 그대로 멈췄다 호랑나비가 내 손 안에 사뿐히 내려앉았다

그녀의 목에 보름달이 출렁거렸다

—「춤추는 리본」 부분

리듬체조에 대한 단상을 드러낸 시 「춤추는 리본」에서 보이는 '저 현란한 몸짓—무중력의 상태— 대기권 밖의 몸짓—생의 동력 원인 굴렁쇠—생의 바퀴—꽃들의 수런거림—호랑나비' 전개에서 보이는 상상력의 경로에서 언어 포즈 또한 독자로 하여금 '찰칵' 숨이 멎게 한다.

정영희 시인의 상상력의 근저를 또 하나 눈여겨보면, 질문의 차이에 있다. 시는 해답이 아니라 질문이란 점에서 작가는 작품 속에 질문을 담아놓고 독자는 작품을 통해 다시 또 다른 질문을 보태는 것이다. 시를 읽는다는 것은 시인의 질문에 또 다른 질문을 보태는 것, 그래서 시의 완성은 독자의 몫이 된다,

시의 질문은 엉뚱할수록 더 즐겁다. 그는 '나는 누구인가?' 하는 존재의 근원에 대한 질문으로 시작하여 현재를 중시하고 추상적 깊이로 나아가는 서구적 상상력이 아니라, 어떻게 살 것인가에

대한 관계성을 중시하면서 과거 중시, 경험 안에서 사유하는 동양적 상상력에 닿아 있다. 관념어 하나 없이도 펄펄 살아있는 시, 삶의 건강함이 방금 건져 올린 물고기처럼 몸을 파닥이는 시다. 그래서 그의 질문법이 바로 마음을 읽는 기술, 대상을 읽는 기술이 된다.

순천만 철새도래지, 포클레인에 뛰쳐나온 미라는 발굴되었다기보다 제 발로 걸어 나왔다는 소문이 맞다
미라가 생의 예기치 않은 갈증에서 비롯되었다며 눈을 치켜뜨고 삿대질을 한다 수천 년을 횡단한 사막의 낙타도
마른 선인장에서 꽃이 찬란할 거라는 기대에 몇날 며칠 목이 말랐다

잘 구긴 환자복에 푹신히 삐걱대는 침상, 뿌연 황사를 씻어내는 눈이 반짝였으면 좋겠다
말라비틀어진 갯벌이 연기처럼 매캐하여 바다를 향한 북어의 눈이 가물가물하다
모두가 숨이 다한 꽃이라고 팽개친다 해도 마른 꽃, 강단지게 아직 숨결이어서 꽃숭어리다

그냥 버린다는 건 죄,

건네는 건 수고했다는 말 한마디, 암 병동

마른 꽃 끝내 버릴 곳 마땅찮다

—「마른 꽃」 전문

위 시를 출발시킨 질문은 '세상을 뜨기 전 가장 나중으로 들어야 할 한마디가 뭘까, 아님 내가 나에게 해줄 한마디가 뭘까'이다. 거창한 말이 아니라 '수고했다'는 한마디 아닐까 싶다. 이 시의 상상력, 즉 대상을 읽는 방식도 통섭이다. 미라—생의 갈증—사막 마른 선인장—말라비틀어진 갯벌—바다를 향한 북어의 눈—숨이 다한 꽃—암병동 환자—마른 꽃—아직 숨결이어서 꽃숭어리라는 시적 전개는 '산다는 것이 뭘까' 하는 원형적 물음에 닿아 삶의 내면 풍경을 길어 올리고 있다. 시상 전개의 완결성과 이미지의 선명성 또한 낯선 화법으로서 시인의 매력이 아닐 수 없다.

「마른 꽃」은 시를 위한 시가 아니고 삶 속에서 자연스럽게 시상이 발현된 시라 체득한 비유들이 생생하게 살아있다. 관계 짓기 투사하기를 통해 대상과 대상의 관계성을 다양하고 새로운 이미지로 드러내고, 대상의 거리를 통해 시적 긴장미까지 도모하고 있다.

가두리에 밍크고래가 걸리는 일처럼 살면서 우연에 기댈 때가 있다

바닷가 번지에 내과는 없었다 배앓이 때문에 찾아간 치과가 없었다면 파도를 움켜쥐고 모래나 씹고 있었을 게다

배앓이는 사촌이 생선을 많이 거둘수록 끓어오르는 화병인 줄 알았다 아니면, 어젯밤 멀뚱히 눈뜬 정어리를 통째 씹었던 게 용서되지 않았을까

입안에 생선가시들이 활개를 칠 때만 해도 쉰 살의 소화불량은 없었는데 붉은 바다에 대량의 황토가 살포된다

필연이라곤 치통을 닮은 배앓이뿐이어서 난, 바닷가 달콤한 치과에 간다

—「달콤한 치과」 전문

「달콤한 치과」라는 제목부터가 다분히 역설적인 비틀기다. 필연과 우연의 관계 속에 사는 것이 우리의 삶일 것이다. 불확실성 속에서 우리가 또 얼마나 많은 오류 속에 사는지를 되돌아보게 한다. 배앓이 때문에 찾아간 치과, 배앓이는 사촌이 생선을 많이 잡아 생긴 화병, 쉰 살의 소화불량 등의 우연과 불확실성 속에서 필연이라고는 배앓이뿐이라는 모순된 삶을 꼬집어낸 '달콤한 치과'다.

시야를 넓혀 다양한 사물을 포괄하고 삶의 이면을 내밀한 시선으로 응시하는 '리얼리스트적' 태도를 견지하면서 언어적 기지를 살려 사물과 삶의 중핵을 파고드는 관조와 성찰, 시인의 비틀기와 유비적 상상력이라든지, 관계하기와 투사하기라든지 하는 시적 장치는 시집 전반에 걸쳐 드러나고 있다.

계곡이라 해도 좋고 실개천이라 해도 웃으며 흘러가는 마을 사람들을 보게, …중략… 모름지기 꿈결이란 복사꽃 아래서 함께 꽃비를 맞는 것 아닌가,

—「신몽유도원도(新夢遊桃源圖)」 부분

살점을 뜯어먹고 뼈까지 꽉꽉 씹어야만 뱃속이 풀린다는 사람들이 갈겨놓은 오기(傲氣)의 방류다

—「일용근로자 대기소에서」 부분

토막 난 내 의식의 빨랫줄에 덕지덕지 걸려 있는 삶의 부호들, 대대적인 갈무리가 필요하다는 처방전을 함께 쏟아낸다

—「가족관계증명서」 부분

나무가/그늘을 만드는 건/햇볕 때문이나//난,/그늘의 평수를 넓히려/날마다/햇볕에/물을 뿌리고 있다

—「그늘의 평수」 전문

팽나무어르신 허리에 박힌 철심이 심상찮다
시멘트 붕대와 철사로 관절을 동였으니 말이다

—「구례읍사무소 앞 팽나무」 부분

가려울 때마다 등물이나 손 갈퀴에 의지하는 것은
생각만 간질이는 일이니 얼른 치워야 해요

자기도 괜히 가렵다며 치근대던 아내
혼곤히 잠에 빠졌네요

—「괜히 등이 가렵다」 부분

세상이 깡통처럼 구겨질 때마다
바라보기만 해도 꽃이 피는 곳이 있었다
저녁에 열었다 아침에 문 닫는 나팔꽃세탁소

—「나팔꽃세탁소」 부분

정영희의 또 하나 매력은 창의적 상상력이다. 상상력은 없는 것을 보는 것이 아니라 있는 것을 다르게 보는 화법이다. 당연한 것을 무시함으로써 자유로운 시안을 획득하게 된다. 생물학적인 안목과 인문학적 안목이 합일된 곳에서 시인은 오히려 상상력의 힘을 발휘하고 있다. 시인의 상상력은 자신만의 언어로 자신을 되돌아보는 활동으로 갇혀 있는 것이 아니라, 독립된 호기심을 통해 세상을 보는 창이 된다.

페루 인디언들은 바다에 나가 고기를 잡기 전 낚싯대와 대화를 한다고 한다. 너는 바다에 나가면 고기를 많이 잡게 될 거라는, 자기 암시를 통해 그 낚싯대는 고기를 잘 잡는 낚싯대가 된다고 한다. 나무와 풀과 꽃과 바람과 대화를 하는 것, 시도 알고 보면 세상과의 소통이다.

인문과 자연 할 것 없이 모든 영역과 다 소통하는 통섭의 개념이다. 이를 통해 서로 상반되어 있다고 생각했던 것들이 꽤 많이 닮아 있다는 것을 알게 되고, 도리어 닮았다고 생각했던 것들이 전혀 다른 속성을 지녔다는 것을 알게 된다. 서로 다른 모든 것들이 다름 속에 닮아 있는 모습을 발견할 수 있을 때 비로소 시앗이 될 수 있다. 그리하여 시인의 일상적 경험에서 발견된 새로운 생각이 곧 공명과 공감에 닿는다.

계곡에서는 "웃으며 흘러가는 마을 사람들을" 만나고, 일용근로자 대기소에서는 힘든 삶을 사는 사람들의 "오기(傲氣)의 방류"를 보고, 가족관계증명서에서 "토막 난 내 의식의 빨랫줄에 덕지덕지 걸려 있는 삶의 부호"를 보게 되고, 그늘의 평수를 넓히기 위해 날마다 햇볕에 물을 뿌린다. 그런가 하면 시인의 상상력 속에는 팽나무 어른에게서 저물어 가는 삶의 풍경이 보이고, 저녁에 열었다가 아침에 문을 닫는 "나팔꽃세탁소"가 있다.

미루나무는 하늘을 향해 이파리를 달 뿐이다

물고 물려 헝클어졌지만 가지런한 그늘을 거느리는 걸 보면
한번쯤 미루나무 아래로 들어가 봐야 한다

이마 들이대는 일 없이 자라가는 걸 습관이라고 해야 하나
어깨를 겯고 솟구치는 이파리들이 구름에 닿도록 팔랑거린다

비뚤어지게 제멋대로 읽는 아이들, 애써 줄 맞추라 다그치지
않아도 아름드리 미루나무가 될 수 있을 것

회초리 엄마들에게 침을 튀기며 이야기한다

—「미루나무 아래로」 전문

하늘 향한 아이들의 꿈… 놓아 키우는 방목… 구름에 닿도록 팔랑이는 활기찬 아이들… 다그치지 않아도, 회초리 들지 않아도 있는 그대로의 모습으로 제각각 아름드리 미루나무가 될 수 있고, 평수 넓은 그늘을 넓힐 수 있을 것이라는 교육자로서 교육을 바라보는 시선이 싱그럽다.

시인의 화법은 '좀 다른 방식, 친절하지 않은' 화법을 구사한다. 친절하지 않기 때문에 더 낯설면서도 낯익고, 낯익으면서 낯선 이야기를 한다. 전혀 다른 문장이 만나서 새로운 의미가 되는 것, 일상성에 주목하고 생활에 밀착하면서도 소통과 공감에 주력하는 화법, 일상의 소소한 문제들을 내면화하여 구체적인 실감으로 전달한다.

진한 사랑일수록 엽서에 쓰자
사연은 짧아야 아림의 깊이가 깊어진다
눈앞이 멍멍해지면 눈물로도 빨리 채울 수 있어
좋은 손바닥만 한 그릇, 사랑이 모자라다
하여, 여백으로 비워두면
산비둘기 날아와 햇볕도 쪼고, 쪼아놓은 구멍마다
바람은 사랑의 씨앗을 또 묻을 테니
내년 이맘 숲을 이뤄 시원한 도랑물도 흘러가겠지

그 물에 네 발 담그고, 내 손 담그면
사랑이 팔딱 건너가겠지

—「엽서 한 장」 전문

엽서는 사랑을 담는 손바닥만 한 그릇이다. "여백으로 비워두면/산비둘기 날아와 햇볕도 쪼고, 쪼아놓은 구멍마다/바람은 사랑의 씨앗을 또 묻을" 혹은 "사랑이 팔딱"거리는 시적 상상력의 공간으로 자리하면서 엽서와 그릇의 만남, 그 가운데 놓인 사랑을 통해 건강한 상상력으로 전이된다.

어느 목욕탕은
노인들을 위해 번갈아 요일별로 문을 연다
천 원에 온종일 물 천국이 되는

'아따, 무자그니 시원해 뿌네.'
'개안해!'
'시내까지 갈라믄 돈이 얼마나 더 든디, 다행이랑께!'
'따신 물도 맴대로 쓰고 얼마나 좋은가!'
'근디, 일요일에는 왜 문을 안 연당가?'
'주인도 봄놀이 가야제'
'여기가 봄인디 가긴 어디를 간당가?'

여기가 봄이라는 말

빨리 오는 봄이 지청구다

—「빨리 오는 봄」 전문

일상적 웃음이 있는 풍경이 그대로 그려진 시다. “여기가 봄이라는 말/빨리 오는 봄이 지청구다”는 나이가 들수록 세월이 빠르고, “여기가 봄인디 가긴 어디를 간당가?”는 내일보다는 현재가 가장 소중한 시간임을 드러내는 함축어로 시인의 화법이 낯익으면서 낯설고, 낯설면서도 정겹다. 그리하여 일상적이면서 작은 것들을 통해 더 큰 울림, 공감과 공명의 폭과 깊이를 넓혀주고 있는 것이 정영희의 시다.

그의 화법은 어떻게 하면 말을 정확하게 활용할 것인가의 문제임을 알게 된다. 말을 정확하게 사용한다는 것은 그 대상 혹은 상황, 현상에 알맞은 적당한 말을 골라 쓰는 일이다. 일상적으로 두루 쓰는 말 가운데서 어떤 말이 가장 적당한가를 찾는 작업이 바로 수사의 진정한 개념일 것이다.

여기에 세계의 자아화도 한몫을 담당한다. “찰칵, 우주가 그대로 멈췄다 호랑나비가 내 손 안에 사뿐히 내려앉았다”(「춤추는 리본」)의 나, “나는 눈길 둘 곳 없어 골방으로 들어갔다/시 마지막 행을 퇴고하였다”(「초복」)의 나, “달빛은 스며들고 숨소리 거칠게 몰아쉬는 저녁/팔베개에 뉘어 둔 오늘밤 내가 흔들린다”(「풍경이 숨쉬는 창」)의 나… 그렇지만 시인은 자신의 감정을 겉으로 드러내지 않고, 기록사진을 찍는 것처럼 대상에 대해 철저히 객관적 거리를 유지함으로써 시적 의미를 배가 시키는 점도 하나의 전략이겠다. 그리하여 행간 속 의미 또한 눈앞에 펼쳐지는 혹은 펼쳐질 수도 있는 내 이야기며 너의 이야기이며, "창밖, 풍경을 오려 액자에 단단히 거는"(「상사화」) 즐겁고 행복한 작업일 것이다.

> 우물은 흔적을 도려내지 못했다 퍼내고 퍼내도 마르지 않는 우물의 말솜씨가 유창했다 소문의 뿌리를 찾겠다며 던져놓은 두레박 수사법만으론 혐의를 찾을 수 없었다 미제사건으로 덮어두자는 산까치의 말씀마저 빠졌다 살아났다
>
> —「오래된 우물」 부분

정영희 시인의 시편들은 삶의 우물에서 길어낸 이야기들이다. 낯설지만 낯익은 이야기다. 아낙네들의 다양한 화법의 공간인 '오래된 우물'은 '퍼내도, 퍼내도 마르지 않은 말솜씨'가 꽃피는 공간이자, "두레박 수사법"으로는 밝힐 수 없는 뜬소문의 공간이면서 삶의 갈증을 풀어주는 힐링의 공간이다. 시인의 시는 하나같이 '오래된 우물'이다.

시는 사실 해설이 필요가 없다. 시의 사상은 논리적 기술이 아닌 시인의 생리적 질서와 그 관문을 통과한 표현이기 때문이다. 시는 어차피 시인에 의해 완성되는 것이 아니라, 독자의 공감과 공명에 의해 완성되기 때문이고, 그래서 시는 독자를 향해 늘 열려 있는 의미이기 때문이다. 시를 이렇다 저렇다 이야기하는 건

사족일 수밖에 없다는 생각이다.

그럼에도 아이러니하게 정영희 시인의 시에 대한 어쭙잖은 소고(小考)를 적었다. 오히려 독자의 눈을 닫게 하지는 않을까 싶어 조심스럽다. 이번 시집은 획일화된 삶 속에서도 다름을 인정하지 않는 혼돈의 시대를 사는 우리들에게 서로의 차이를 인정하는 법을 넌지시 귀띔해주면서, 어떻게 하면 새로운 삶의 가치를 창조할 수 있을지에 대한 정영희 시인이 들려주는 새로운 발성법이다. 그 발성법은 다분히 불온하지만 그 불온한 방법으로 세상을 새롭고 정직하게 읽어낸다. 포즈에 대한 통찰이다. 내가 너를 향해 흘러 들어갈 수 있는 통섭이다.

"문을 열자 누군가 슬어놓은 꽃숨들이 가득했어요"(「산수유 엽간이우체통」)처럼, 시집을 열면 정영희 시인이 담아놓은 통섭의 숨결과 화법이 우르르 몰려나올 것이다.

이 도서의 국립중앙도서관 출판시도서목록(CIP)은 서지정보유통지원시스템 홈페이지(http://seoji.nl.go.kr)와 국가자료공동목록시스템(http://www.nl.go.kr/kolisnet)에서 이용하실 수 있습니다.(CIP제어번호: CIP2016031392)

문학의전당 시인선 243
아침햇빛편의점

초판 1쇄 인쇄 2016년 12월 22일
초판 1쇄 발행 2016년 12월 26일
지은이 정영희
펴낸이 고영
책임편집 류미야
디자인 헤이존
펴낸곳 문학의전당
출판등록 제311-2012-000043호
주소 서울시 마포구 마포대로 11길 91, 3층
전화 02-852-1977 팩스 02-852-1978
전자우편 sbpoem@naver.com

ISBN 979-11-5896-297-5 03810

* 이 시집은 2016 한국문화예술위원회와 전라남도문화관광재단의 문예진흥기금을 보조받아 발간되었습니다.